Inhalt

Organisationswandel als Sprachwandel - auf die Metaphern kommt es an

Kernthesen

Beitrag

Fallbeispiele

Weiterführende Literatur

Impressum

Organisationswandel als Sprachwandel - auf die Metaphern kommt es an

R.Reuter

Kernthesen

- Veränderungen im Unternehmen brauchen eine spezielle Art der Kommunikation.
- Besonders geeignet ist die Verwendung von Metaphern. Mithilfe bildhafter Vergleiche lassen sich Visionen veranschaulichen.
- Starke Bilder wecken überdies Emotionen und können so für die notwendige Begeisterung sorgen, die ein nachhaltiger Veränderungsprozess braucht.

Beitrag

Sprachbilder schaffen Anschaulichkeit

Der hohe Stellenwert der Kommunikation für Unternehmen ist heute unbestritten. Dies gilt sowohl nach außen als auch nach innen. So hat die Wirtschafts- und Finanzkrise nach sich gezogen, dass Führungskräfte jetzt stärker nach ihren kommunikativen Fähigkeiten beurteilt werden. Das schlechte Bild, das insbesondere Banken in der Krise abgegeben haben, lässt Unternehmen neuerdings nach Führungskräften suchen, die dazu in der Lage sind, per Kommunikation für gesellschaftliche Akzeptanz zu sorgen.

Auch in der internen Kommunikation tun sich neue Erkenntnisse auf. So wird beispielsweise darüber geforscht, wie eine Kommunikation mit den Mitarbeitern aussehen sollte, wenn sich das Unternehmen gerade in einem Prozess tiefgreifender Veränderung befindet. Dabei hat sich gezeigt, dass bildhafte Vergleiche, sogenannte Metaphern, besonders dazu geeignet sind, Veränderungsprozesse wirksam zu unterstützen. Sprachbilder vermögen es, den abstrakten Ist-Zustand wie auch das angestrebte

Ziel in den Köpfen der Mitarbeiter vorstellbar zu machen. Damit dient die Metapher bei der Menschenführung dem gleichen Ziel, für das sie als Stilmittel der Literatur verwendet wird: Sprachbilder zeigen etwas, wo das bloße Wort nur eine Behauptung bleibt. Als ein Beispiel mag ein für die untergegangene Sowjetunion benutztes Sprachbild herhalten. Missernten, kaputte Traktoren und gestrandete U-Boote waren Details, die trotz ihrer Faktizität immer in die eine wie in die andere Richtung interpretiert werden konnten. Für Einprägsamkeit hingegen sorgte das damals gebräuchliche Sprachbild: Als ein "Riese auf tönernen Füßen" wurde die Sowjetunion bezeichnet, weshalb sich kaum jemand wunderte, als sie ins Straucheln geriet. [1], [2], [3]

Instrument für den Organisationswandel

Schon seit längerer Zeit wird die Bedeutung von Metaphern auch für die Unternehmensführung, und hierbei insbesondere für das Change Management untersucht. In der Wissenschaft hat sich darum der Begriff "Wandelkommunikation" schon vor längerer Zeit etabliert. Dem Forschungsinteresse speziell an den bildhaften Vergleichen liegen dabei solche Beobachtungen zugrunde, in denen eine geschickte

Wortwahl dafür sorgte, Zielstellungen aus der Abstraktion (etwa durch Zahlen) in bildhafte Vorstellungen zu verwandeln. Ein solches Bild war bereits vor Jahren das "schlanke Unternehmen". Schlankheit ist in der westlichen Welt gleichgesetzt mit Gesundheit, Sportlichkeit, Aktivität und Attraktivität. Auch ohne die Verwendung von Zahlenkolonnen, nüchtern formulierten Verbesserungsvorschlägen und hölzernen Strategiepapieren entstand so durch nur zwei Worte ein Bild, dessen Bedeutung sich jedem Mitarbeiter leicht erschloss. Sogar auf die unangenehme Eigenschaft schlanker Unternehmen, nämlich den Einsatz von so wenigen Mitarbeitern wie eben nötig, wurde durch die Metapher positiv vorbereitet. (1), (2)

Sprache schafft unternehmerische Wirklichkeit

Ein Aufsatz des Dichters Heinrich von Kleist "Über die allmähliche Verfertigung des Gedankens beim Reden" ist von der modernen Kommunikationsforschung auf originelle Art aufgegriffen und abgewandelt worden. Man spricht von der "allmählichen Verfertigung der Organisation beim Reden", was der Sprache einen enormen Stellenwert für die Identität von Unternehmen zuweist. Folgt man dieser These, dann sind

Organisationen keine objektiven Gegebenheiten, sondern entstehen erst in der benutzten Sprache und durch Interaktion. Hieraus folgt, dass auch der Wandel eines Unternehmens zuerst auf der Sprachebene begonnen werden muss. Ausdruck findet diese Sicht auch in einem Merksatz, über den kaum zu streiten ist: Kommunikation ist Voraussetzung und Schlüssel für Veränderungen. (1), (2)

Wirkung auf drei Ebenen

Unterteilt werden die Wirkungsebenen von Metaphern in drei verschiedene Kategorien. Auf der **kognitiven** Ebene helfen sie, abstrakte Konzepte zu veranschaulichen. Ein Beispiel hierfür ist der Geschäftsführer einer US-Bank, der sein Unternehmen nach dem Vor-Bild der Hamburgerkette McDonalds umbauen wollte. In den USA weiß jeder, wofür McDonalds steht: für raschen Service, standardisierte Qualität und für eine limitierte Auswahl an Produkten. Die Eckpfeiler des Unternehmensumbaus waren den Mitarbeitern so durch einen einzigen metaphorischen Vergleich im Handumdrehen nahgebracht. Zu nennen ist für den Bereich der kognitiven Vorteile auch das schlanke Unternehmen, das freilich eine weitere Möglichkeit der Metapher aufzeigt: Bildhafte Vergleiche veranschaulichen ebenso, wie sie verschleiern und beschönigen können. Beim schlanken Unternehmen ist dies die bevorstehende Gewichtsreduktion, für die mancher Mitarbeiter allerdings seinen Hut nehmen muss.

Auf der **emotionalen** Ebene dienen Bilder dazu, Gefühle zu wecken, die mit dem dürren Wort nicht geweckt werden könnten. Ein Beispiel aus dem Sport war die Kampagne der deutschen Fußball-Nationalmannschaft anlässlich der Europameisterschaft in Österreich und der Schweiz. Das Unternehmen wurde - auch durch eindrückliche Filmchen und Fotos - zur "Bergtour" umgedeutet, was sowohl mit der Topografie der Austragungsorte als auch mit den Zielen der Mannschaft korrespondierte: Jeder muss jedem helfen, jeder sichert den anderen, und am Ende steht der Gipfelsturm. Von der herkömmlichen Ausgabe von Zielen - "Wir wollen ins Finale" - unterschied sich die Kampagne deutlich, da sie mit ihrer Betonung des Miteinanders und der gemeinsamen Anstrengung auf das bevorstehende Turnier auch emotional "einschwor".

In **kommunikativer** Hinsicht erleichtern Metaphern den Führungskräften die notwendige Überzeugungsarbeit. So kann mit Hilfe von Bildern zu Handlungen aufgefordert werden, etwa indem eine Zielstellung durch das Bild drastischer gemalt wird als sie in Wahrheit ist. Ein Beispiel hierfür ist der Politiker Franz Müntefering, der in der Gesellschaft eine allgemeine Stimmung gegen private Finanzinvestoren entfachen wollte. Er nannte sie darum "Heuschrecken", womit er jedoch nicht auf deren Schwarmintelligenz, sondern auf ihren alles vernichtenden Heißhunger rekurrierte. Hedge Fonds und Private-Equity-Gesellschaften haben in Deutschland seitdem ein beträchtliches Imageproblem. (1), (2)

Meister der einprägsamen Bilder

Ein besonders schönes Bild, das den Zusammenhalt der Belegschaft und das Selbstvertrauen stärkte, fand Apple-Chef Steve Jobs. Nachdem er erst einige Monate an der Spitze des Unternehmens gestanden war, sagte er: "Nobody has tried to swallow us since Ive been here. I think they are afraid how we would taste." Dass er seine eigene Leistung in die Metapher mit einfließen ließ, lässt das Bonmot umso gelungener erscheinen. Ein perfektes Abschlussbild malte auch IBM-Chef Louis Gerstner nach der Umstrukturierung des riesigen Konzerns: "Who says elephants cant dance?" Kommunikationsexperten sehen in der kurzen Frage ein hervorragendes Beispiel für ein Sprachbild, das nicht nur den gelungenen Umbau feiert, sondern überdies der Belegschaft viel

Selbstvertrauen für kommende Veränderungen einflößt. (1), (2)

Trends

Persönliche Ansprache statt E-Mails

Führungskräfte, die bereits einen Veränderungsprozess in ihrem Unternehmen durchgeführt haben, sehen die persönliche Ansprache als wichtigsten Kommunikationskanal. Die den Wandel begleitenden Informationen dürften nicht nur elektronisch verbreitet werden, sondern müssten von Mensch zu Mensch geäußert werden. Nur so wird der Mitarbeiter emotional für die neue Sache begeistert, was mit E-Mails und Webseiten nicht zu erreichen sei. Matthias Knott, Director Human Resources bei der SwissRe, drückt es so aus: "Wird das Emotionale verdrängt, kann das der größte Auslöser von Widerstand sein und damit das Veränderungsprojekt zum Kippen bringen." (3)

Klarheit, Talent und eine packende Story

Steven Loepfe, Geschäftsinhaber der Loepfe & Partner AG, sieht drei Trends der Wandelkommunikation: Erstens sei eine klare Vorstellung davon nötig, wohin die Reise gehen soll, zweitens brauche man eine Geschichte, die die Reise beschreibt. Dies reiche allerdings noch nicht, solange es an den geeigneten Menschen fehle, die dazu in der Lage seien, diese Geschichte auch zu erzählen und Begeisterung zu wecken. (4), (5)

Fallbeispiele

Nach Ansicht von Experten ist es ein oft gesehener Kardinalfehler von Führungskräften, dass ihnen die Brisanz jener Lage, die den Wandel nötig macht, gar nicht richtig klar ist. Unterschätzt wird dabei insbesondere, wie schwierig es häufig ist, Menschen aus gewohnten Abläufen herauszureißen. Mancher Umbau scheitert darum schon in der Vorbereitungsphase.

Überdies werden Veränderungsprogramme häufig von nur wenigen Mitarbeitern begonnen. Wenn aus diesen kleinen Anfängen eine anschwellende Truppe wird, kann der Umbau gelingen. Wenn es aber bei einem kleinen Team bleibt, das sich innerhalb einer bewegungsunwilligen Haupttruppe als Rufer in der Wüste fühlt, bleibt der Erfolg aus. Es ist daher unbedingt nötig, dass das vorangehende Team wenigstens die aktive Unterstützung der Unternehmensführung im Rücken hat. Dennoch ist es unabdingbar, möglichst viele Menschen im Unternehmen für die Umbaumaßnahmen zu begeistern.

Ein dritter Fehler ist das Fehlen einer Vision. Diese muss immer über die Zahlen eines "Fünfjahresplans" hinausgehen. Gerade an dieser Stelle kommt die Metapher zum Einsatz. Der bildhafte Vergleich kann Visionen veranschaulichen und die damit verbundenen Ziele aus der reinen Abstraktion herausheben und vorstellbar machen. (6), (7)

Weiterführende Literatur

(1) Von anpassungsfähigen Amöben bis tanzenden Elefanten
aus OrganisationsEntwicklung Nr. 01 vom 21.01.2011
Seite 057

(2) Wandelbilder für Herz, Hand und Kopf
aus OrganisationsEntwicklung Nr. 01 vom 21.01.2011
Seite 016

(3) Wandelkommunikation lernen - ein Blick hinter die Kulissen
aus OrganisationsEntwicklung Nr. 01 vom 21.01.2011
Seite 034

(4) Wandelkommunikation lernen - ein Blick hinter die Kulissen
aus OrganisationsEntwicklung Nr. 01 vom 21.01.2011 Seite 064

(5) Wandelkommunikation lernen - ein Blick hinter die Kulissen
aus OrganisationsEntwicklung Nr. 01 vom 21.01.2011 Seite 030

(6) Das Unternehmen erfolgreich erneuern
aus OrganisationsEntwicklung Nr. 01 vom 21.01.2011 Seite 030

(7) Wie man seinen Chef führt
aus Allgemeine Hotel- und Gastronomie-Zeitung Nr. 23 vom 05.06.2010 Seite A02

Impressum

Organisationswandel als Sprachwandel - auf die Metaphern kommt es an

Bibliografische Information der deutschen Nationalbibliothek

Die Deutsche Nationalbibliothek verzeichnet diese Publikation in der deutschen Nationalbibliografie; detaillierte bibliografische Daten sind im Internet über http://dnb.d-nb.de abrufbar.

ISBN: 978-3-7379-0243-4

© 2015 GBI-Genios Deutsche Wirtschaftsdatenbank GmbH, Freischützstraße 96, 81927 München, www.genios.de

Alle Rechte vorbehalten. Dieses Werk ist einschließlich aller seiner Teile – z.B. Texte, Tabellen und Grafiken - urheberrechtlich geschützt. Jede Verwertung außerhalb der Grenzen des Urheberrechtsgesetzes bedarf der vorherigen Zustimmung des Verlags. Dies gilt insbesondere auch für auszugsweise Nachdrucke, fotomechanische

Vervielfältigungen (Fotokopie/Mikroskopie), Übersetzungen, Auswertungen durch Datenbanken oder ähnliche Einrichtungen und die Einspeicherung und Verarbeitung in elektronischen Systemen.